電子レンジのおやつ 毎日うれしい はかりもいらない オーブンも

村上祥子

日本文芸社

はじめに

みんなが大好きなショートケーキや、おしゃれなチョコレートケーキ、なめらかプリン…、どれも毎日のおやつや食後にうれしいものばかり。なんとこれが全部、電子レンジで作れるようになりました！
ケーキ作りは立派なオーブンがなくても、電子レンジなら超速でパティシエ気分♪ 大丈夫。ごはんを温めるだけだった電子レンジで、ちゃんと作れます。オーブンで30分もかかっていたスポンジケーキが、レンジならたったの5分！　と、どれも驚くような短時間で作れるのです。しかも、ひと口食べたら、とろけるような笑顔がこぼれること間違いなしのおいしさ！
卵1個、砂糖大さじ3、薄力粉大さじ3、バニラエッセンス少々と、分量もシンプルに表示。たったこれだけで、直径12cmのスポンジケーキができるのです。

日本文芸社より『オーブンもはかりもいらない 電子レンジのおやつ』を出版したのは2003年。以来、12年の長きにわたり、みなさまに愛され続けてきました。
本書はそのリニューアル版です。
時代は移り、電子レンジの仕様も変化してきました。それらに合わせて加筆、修正し、みなさまのお手元にお届けします。

全部素材から作るスローフードのおやつ。でも、作り方はクイック。ひとつの作り方を覚えれば、あとは材料を少し替えると新しい味が生まれます。
みなさまのマイブックにどうぞ！

2015年11月吉日　村上祥子

Contents

- 2 　はじめに
- 6 　電子レンジ 6 つのお約束

Part 1　ふわふわおやつ

- 9 　**ふわふわおやつの基本**
  スポンジケーキ
- 12 　いちごのショートケーキ
- 14 　チョコレートロール
- 16 　チーズケーキ
- 18 　ヴィクトリアケーキ
- 20 　フルーツケーキ

Part 2　とろりんおやつ

- 25 　**とろりんおやつの基本**
  カスタードクリーム
- 28 　カスタードプリン
- 30 　黒ごまプリン
- 32 　トライフル

Part 3　ふるふるおやつ

- 37 　**ふるふるおやつの基本**
  パンナコッタ
- 40 　ティラミス
- 42 　杏仁豆腐
- 44 　マンゴープリン
- 46 　ミルクゼリー
- 48 　豆乳ゼリー
- 50 　オレンジゼリー
- 52 　ブルーハワイゼリー

Part 4 もちもちおやつ

- **57 もちもちおやつの基本**
  白玉だんご
- 60 かぼちゃぜんざい
- 62 白玉の黒みつがけ
- 64 わらびもち
- 66 ごまだんご
- 68 トマトだんご

Part 5 まんぷくおやつ

- **73 まんぷくおやつの基本**
  蒸しパン
- 76 ソフトピッツァ
- 78 カレーまん
- 80 ちびあんパン
- 82 フォカッチャ

Part 6 レンジマジックおやつ

- 87 ポップコーン
- 88 チョコバナナ
- 89 くるくるシナモンクッキー
- 90 スイートポテト
- 91 フロマージュブラン
- 92 マシュマロサンド
- 93 マシュマロクリスピー
- 94 プラリネ
- 95 チーズせんべい

Column 1　きらきらキャンディー　**22**
Column 2　パリパリチップス　**34**
Column 3　しっとりコンポート　**54**
Column 4　ごろごろジャム　**70**
Column 5　ごっくんドリンク　**84**

○本書で使っている1カップは200ml、大さじ1＝15ml、小さじ1＝5mlです。
○卵はMサイズ（正味約50g）を基準にしています。

電子レンジ6つのお約束

ターンテーブルの場合は端に置く

ターンテーブルのないタイプ電子レンジは、加熱するものを中央に置きますが、ターンテーブルがあるタイプ電子レンジなら、端に置きましょう。電磁波はテーブルの外側に当たるので、真ん中をあけてドーナツ状に置くと覚えておいて。大きい器で加熱するときや、かるく電磁波を当てたいスポンジケーキなどのおやつのときは、例外的に真ん中に置きます。

ワット数を確認

電子レンジは機種によってワット数が違い、加熱時間が変わります。ワット数を確認または設定してから調理してください。加熱時間は100W増すごとに2割短縮。700Wなら加熱時間を600Wの0.8倍に、400Wなら1.4倍（500Wの1.2倍）を目安に加熱します。スポンジケーキの加熱や生地の発酵に使う弱キーは、150、170、200Wに設定するか、「生もの解凍キー」に。

また、ターンテーブルがホーロー引きの場合（オーブンレンジのときに多い）は、加熱時間が2～3倍かかるので気をつけて。ただし、電子レンジは内部から加熱するので、外側が熱くなっていなくても中はアツアツになっていることも。加熱時間は短めに設定し、様子を見ながら再び加熱することをおすすめします。

ラップは端あけラップ

ラップの基本のかけ方が「端あけラップ」。電子レンジは、食品の持つ水分を動かして1700倍の体積の水蒸気に変えて調理する器具。水蒸気の逃げ道を作っておかないとかなり高温になり、加熱中にラップが破裂してしまうこともあります。両端に指が少し入るくらいの隙間をあけて、ラップをかぶせます。

4 割り箸ゲタで裏返しなし

ターンテーブルのある電子レンジの熱は上から下へと通るので、下側には熱が入りにくいのが難点。そこで考えたのが、割り箸をバラして器の下に敷く方法。これなら、割り箸の下に電磁波の通り道ができ、途中で裏返さなくてもOK。ターンテーブルのない電子レンジの熱は、下から上へと通ります。

5 膜のあるものは破裂する

電磁波が食品の水分子を急激に動かして水蒸気に変え、蒸したりゆでたり煮たりする電子レンジ。水蒸気の行き場がない、膜や殻のある卵やレバー、ソーセージを加熱すると、内部の水分が膨張し、破裂してしまいます。薄皮のあるものは、小さく切ったり、切り目を入れてから、卵黄は器に割り入れて表面を突いてから加熱して。万一、破裂したときはすぐに止め、4〜5分待ってから扉を開けます。

6 使える器、使えない器

木製やアルミの器を使うと、変形したり、時間がかかったり。電子レンジでは、専用容器か色の薄い陶器、紙の容器などを使って。

○

耐熱の樹脂加工容器
(キャラメルソースなど、かなり高温になるものを作るときは使用不可)

耐熱ガラス容器

耐熱容器

シンプルな陶器

×

アルミの器

金銀模様の器

赤絵の器

漆器

木製品

竹製品

Part 1

ふわふわおやつ

時間がない？　いいえ大丈夫
卵1個に、砂糖と薄力粉がそれぞれ大さじ3、バニラエッセンス少々
たったこれだけの材料で、スポンジケーキが完成
手づくりおやつのハードルが、ぐっと下がったでしょ

ふわふわおやつの基本
スポンジケーキ

スポンジケーキ

ふわふわおやつ基本（スポンジケーキ）の材料

● でき上がりサイズ直径12cm高さ3〜4cm

卵 — 1個

砂糖 — 大さじ3

バニラエッセンス — 少々

薄力粉 — 大さじ3

ふわふわおやつ基本の道具

型用の直径14cm
容量709mlの耐熱ボウル＆フタ
（耐熱樹脂加工のもの、ジップロックコンテナー®が使いやすい）

ボウル（中・小）

万能こし器

タイマー

ハンドミキサー

泡立て器

割り箸2膳

クッキングシート

ラップ

ふわふわおやつ基本の作り方

POINT 1 卵は白っぽくふくらむまで十分に泡立てる

POINT 2 電動のハンドミキサーがおすすめ

1 下準備をする
型の底の大きさに合わせてクッキングシートを切り、型に敷いておく。薄力粉は万能こし器などでふるっておく。

2 卵を湯せんしながら泡立てる
ボウル（中）に卵、砂糖、バニラエッセンスを入れ、熱湯を入れたボウル（小）の上にのせて、ハンドミキサーの高速で1分泡立てる。

3 湯から外して泡立てる
卵の量が約4倍にふくれたら湯から外し、さらに1分間、白っぽくなって冷めるまで泡立てる。

4 薄力粉を加える
薄力粉の半量を加え、手の泡立て器でよく混ぜる。残りの薄力粉を加えて混ぜる。

5 型に流す
1の型に流す。全部入ったら、型ごと10cmほど上からトンと落とし、平らにする。

6 加熱する
ターンテーブルに割り箸2膳をばらし（ターンテーブルのない電子レンジの場合は、割り箸の代わりに無地の皿か耐熱皿を置く）、5をのせる。端あけラップまたはフタをのせ、電子レンジ弱（150～200w、または解凍キー）で5分加熱する。型からとり出し、クッキングシートを敷いた皿にのせて冷ます。

7 仕上げる
上部全体に万能こし器で粉砂糖適量（分量外）をふるう。

12　*Part 1*　ふわふわおやつ

いちごのショートケーキ

ケーキといえばこれ！
20分でできるって、信じられる？

材料

❤ でき上がりサイズ
直径12cm高さ7cm

ふわふわおやつ基本の材料
（p.10参照）— 全量

ホイップクリーム
　生クリーム — ¾カップ
　砂糖 — 大さじ2

いちご — 6粒

A　砂糖 — 小さじ2
　キルシュ（あれば）— 小さじ1

作り方

1　スポンジケーキを作る（p.11の1～6参照）。
2　いちご1粒を飾り用に残し、ヘタをとって7～8mmの厚さに切り、Aをかけておく。
3　ホイップクリームを作る。ボウルに生クリームを入れ、砂糖を加えて氷水を入れたボウルに浮かべ、ハンドミキサーの高速でツノが立つ（持ち上げたとき、クリームの先がピンと立つ）くらいに泡立てる。
4　スポンジケーキが完全に冷めたら、厚さを2段に切り分ける。
5　ケーキの下半分にクリームを塗り、上にいちごをのせ、さらにクリームを塗る。上のケーキを重ね、上面にクリームをたっぷりのせて塗り広げる。側面全体にもクリームを塗って平らにならす。
6　残りのクリームを絞り袋に入れ、縁に絞って飾る。残しておいたいちごを飾る。

スポンジケーキの下半分にゴムべらでホイップクリームをたっぷり塗り、いちごを並べる。

上のケーキをかぶせたら、ホイップクリームをたっぷりのせてゴムべらで塗り広げ、側面全体にも塗る。

14　Part1 ふわふわおやつ

チョコレートロール

ココア風味のチョコ生地から、生クリームがとろり。
くるんと巻くだけだから、カンタンで失敗しない。

材料

♣ でき上がりサイズ
長さ12cmのもの4本分

チョコレートスポンジ
　ふわふわおやつ基本の材料
　　（p.10参照）── 全量
　ココア ── 大さじ1
　水 ── 大さじ1
　サラダ油 ── 小さじ1

ホイップクリーム
　生クリーム ── 1/2カップ
　砂糖 ── 大さじ1

チョコレート ── 1/2枚

作り方

1　底の大きさに合わせてクッキングシートを切り、型に敷いておく。薄力粉はココアと一緒にふるっておく。チョコレートは包丁で細かく削っておく。

2　p.11の 2 〜 3 まで同様に作る。

3　2 に薄力粉とココアの半量を加え、手の泡立て器で混ぜる。水とサラダ油を加えて混ぜ、残りの薄力粉とココアも混ぜる。

4　p.11の 5 〜 6 と同様にし、電子レンジ弱（150〜200Wまたは解凍キー）で6分加熱する。

5　型からとり出し、網にのせて冷ます。スポンジが冷めたら（冷凍庫に入れて冷やすとよい）、厚みを4枚に切る。

6　生クリームに砂糖を加えてツノが立つくらいに固く泡立て、ホイップクリームを作る。

7　25×25cmのラップの中央にスライスした 5 のスポンジを1枚おき、6 のホイップクリームを小さじで山盛り1ほどのせる。削ったチョコレート1/4量弱をのせて、のり巻きの要領でラップごとくるりと巻く。残りも同様に巻く。

8　1本を5つに切り、削ったチョコレートをかける。

memo
ココア

原料はカカオ豆。鉄分、マグネシウムが豊富なほか、便秘に効果がある食物繊維、抗酸化物質ポリフェノールを多く含む。ここでは砂糖入りを使用。

卵が白っぽくなって十分泡立ったら、薄力粉とココアの半量を入れて混ぜる。

ラップの上にスポンジ生地をのせ、ラップごとのり巻きの要領で巻くと、巻きやすい。

16　*Part 1*　ふわふわおやつ

チーズケーキ

クリームチーズをたっぷり使った
ニューヨークスタイルのチーズケーキ

材料

❀ でき上がりサイズ
直径12cm高さ5cm

チーズスポンジ
ふわふわおやつ基本の材料
　（p.10参照）— 全量
クリームチーズ — 大さじ3
水 — 大さじ1

チーズクリーム
クリームチーズ — 大さじ1
生クリーム — 1/4カップ
砂糖 — 大さじ1

アラザン — 少量
ミントの葉 — 適宜

作り方

1. 耐熱ボウル（小）にチーズスポンジのクリームチーズと水を入れる。端あけラップをして電子レンジ600Wで1分（500W1分10秒）加熱し、混ぜておく。
2. p.11の1〜3まで同様に作り、4で薄力粉を半量入れたあとに1の溶かしたチーズを加える。あとは6まで同様にし、電子レンジ弱（150〜200W、または解凍キー）で6分加熱する。
3. レンジから型をとり出し、フタをしたまま1〜2分蒸らし、クッキングシートを敷いた皿に出して冷ます。
4. チーズクリームを作る。耐熱ボウル（小）にクリームチーズを入れ、ラップをかけずに電子レンジ600Wで30秒（500W40秒）加熱し、混ぜて冷ます。生クリームに砂糖を加えて八分立てにしたものに加え、よく混ぜる。
5. 3のチーズスポンジの上面と側面に4のチーズクリームを塗り、上にアラザンとミントの葉を散らす。

memo クリームチーズ

牛乳と生クリームの混合物から作る熟成されていないチーズ。クセがなく、口当たりがなめらかでコクがある。

生地に加えるクリームチーズは、水を加え、端あけラップをかけてレンジで加熱する。とり出したら泡立て器でよく混ぜておく。

デコレーション用のクリームチーズは、水を入れず、ラップをかけないでレンジ加熱し、泡立てた生クリームと混ぜる。

ヴィクトリアケーキ

ヴィクトリア女王が好んだといわれているイギリスの代表的な家庭のお菓子。
ラズベリージャムの代わりに好みのジャムにしても。

材料

🌱 **でき上がりサイズ**
直径12cm 高さ3〜4cm

ふわふわおやつ基本の材料
　（p.10参照）— 全量
マーガリン — 小さじ2
ラズベリージャム — 大さじ4
粉砂糖 — 適量

作り方

1　スポンジケーキを作る (p.11の1〜6参照)。
2　スポンジケーキの厚みを半分に切り、切り口の両面にマーガリンを塗る。その上にラズベリージャムを塗る。
3　上下のケーキを重ね、上部全体に万能こし器で粉砂糖をふるう。

スポンジケーキが冷めたら、厚みに包丁を入れて2等分する。

マーガリンを塗ってからジャムを塗る。

20 Part1 ふわふわおやつ

フルーツケーキ

「こんなに？」と思うほどたっぷりフルーツを加えるのがポイント。
ずっしりと濃厚な食べごたえです。

材料

🌸 **でき上がりサイズ**
直径12cm 高さ4～5cm

ふわふわおやつ基本の材料
　（p.10参照）— 全量
バター — 大さじ3
レーズン — 大さじ3
チェリーの砂糖漬け（赤・市販）— 4個
チェリーの砂糖漬け（緑・市販）— 2個
オレンジピール — 1個
くるみ — 5個
A｜あんずジャム — 大さじ1
　｜水 — 小さじ1

作り方

1　バターは耐熱ボウル（小）に入れ、ラップをかけずに電子レンジ600Wで1分（500W1分10秒）加熱して溶かしておく。レーズン、チェリー2種、オレンジピール、くるみは粗みじんに切る。
2　p.11の1～3まで同様に作る。
3　薄力粉の半量を加え、手の泡立て器で混ぜたら、溶かしたバターを生地に加えて混ぜる。残りの薄力粉と刻んだドライフルーツ、くるみを加えて混ぜる。
4　p.11の5～6と同様にし、電子レンジ弱（150～200W、または解凍キー）で6分加熱する。
5　レンジから型をとり出し、フタをして2分おいて蒸らし、クッキングシートを敷いた皿に出して冷ます。冷めたら、混ぜ合わせたAをケーキの表面に塗る。

ラップをかけずにレンジで溶かしたバターを生地に加え、より濃厚な味わいにする。

ドライフルーツ、くるみを入れ、よく混ぜる。

Column 1
きらきらキャンディー

電子レンジであめを作って、フルーツにからめるだけ
フレッシュなフルーツにパリパリのあめ、は彩りもきれい
パーティにも喜ばれそう

材料

❤ 8本分

砂糖 — 1カップ
水 — 大さじ2
いちご — 4個
黒ぶどう — 4個
キウイフルーツ —（1cm幅）2枚
みかん — ½個

作り方

1 いちご、黒ぶどうはよく洗う。キウイは皮をむく。ミカンは外皮をむき、薄皮はつけておく。
2 耐熱ボウルに人肌程度の湯2カップ（分量外）を注いでおく。
3 別の耐熱ボウルに砂糖を入れて水を加え、電子レンジ600Wで4〜5分（500W5〜6分）加熱する。泡が細かくなって、うっすらと色がつきかけたら、乾いたふきんなどでとりだしてゆする。
4 2のボウルに3のボウルを浮かべて、これ以上加熱が進まないように、同時に冷えて固まってしまわないように保温する。
5 フルーツに竹串や棒を刺して、4のあめにくぐらせる。クッキングシートまたはアルミホイルを敷いた皿にのせる。あめが固まったら器に盛る。

※あめはかなり高温になるので、樹脂加工のボウルだと容器が溶けるおそれがあります。耐熱ガラスボウルを使用してください。

Part 2

とろりんおやつ

とろ〜りとろとろ〜のカスタードクリーム
電子レンジならダマにもならず超カンタン
そのままでも、フルーツにかけても
いろんなアレンジを楽しんで

とろりんおやつの基本
カスタードクリーム

カスタードクリーム

とろりんおやつ基本（カスタードクリーム）の材料
● 作りやすい分量

卵 — 1個

砂糖 — 1/2カップ

牛乳 — 1カップ

バニラエッセンス — 少々

強力粉 — 大さじ1
または薄力粉 — 大さじ1と1/3

とろりんおやつ基本の道具

耐熱ボウル（中）

泡立て器

ラップ

とろりんおやつ基本の作り方

POINT ラップをかけるときは端あけラップに

1 強力粉と砂糖を混ぜる
耐熱ボウルに強力粉と砂糖を入れ、泡立て器で混ぜる。

2 卵を加える
卵を割って加え、クリーム状になるまで泡立て器でよく練る。

3 牛乳を加える
牛乳を少しずつ加えて溶きのばし、バニラエッセンスを加えて混ぜる。

4 加熱する
端あけラップまたはフタをのせ、電子レンジ600Wで2分30秒（500W 3分）加熱する。

5 混ぜる
とり出して混ぜ、ゆるいようだったらラップを戻してさらに1分加熱する。

できあがり
最後によく混ぜる。あつあつのままでも、冷やしてもおいしい。もちろん、スポンジケーキやシュークリームに使っても。

27

28　*Part 2*　とろりんおやつ

カスタードプリン

キャラメルソースは上でも下でもOK！
小皿に水を注ぐ裏ワザで、すがたつ心配もありません。

材料

150 mlの耐熱性プリン型2個分

牛乳 — ½カップ
卵 — 1個
砂糖 — 大さじ1
バニラエッセンス — 少々

キャラメルソース
　砂糖 — 大さじ2
　水 — 小さじ1
水 — 小さじ1

※キャラメルソースをできあがりに上からかける場合は、最後に入れる水を大さじ1に増やし、ゆるめにする。

作り方

1 キャラメルソースを作る（p.39の下参照）。
2 内側に油適宜（分量外）を塗った耐熱プリン型に1を入れる。
3 プリン生地を作る。ボウルに卵を割りほぐし、砂糖、バニラエッセンスを入れ、泡立て器でよく混ぜる。牛乳を数回に分けて加え、さらによく混ぜる。
4 卵がよくほぐれたら、茶こしなどでこして2の型に流し、端あけラップをする。
5 小皿にのせ、ターンテーブルの端に置き、水（2個分で½カップ・分量外）を小皿に注ぎ、電子レンジ600Wで1分（500W1分10秒）、そのあと弱（150〜200W、または解凍キー）にして4〜5分加熱する。とり出し、粗熱がとれたら冷蔵庫で冷やす。

卵がよくほぐれたら、こしてなめらかな液にする。2人分なら量が少ないので、茶こしがおすすめ。

プリン型に端あけラップをし、それぞれ小皿にのせる。小皿に水を注いだらレンジでチン。

黒ごまプリン

ヘルシー派におすすめ。市販の練りごまを使えば、とってもカンタン。
コクのある黒ごま風味を召し上がれ。

材料

❤ 150mlの耐熱性プリン型2個分

練りごま（黒） — 大さじ1
牛乳 — ½カップ
卵 — 1個
砂糖 — 大さじ2
バニラエッセンス — 少々

作り方

1　耐熱ボウルに練りごまを入れ、牛乳を加えて溶きのばす。ラップをかけずに電子レンジ600Wで30秒（500W40秒）加熱し、かるく温める。

2　別のボウルに卵、砂糖、バニラエッセンスを入れ、泡立て器で溶きほぐし、卵がほぐれたら1を加えて混ぜ、茶こしなどでこす。

3　内側に油適宜（分量外）を塗った耐熱性プリン型に2を流し、端あけラップをする。

4　小皿にそれぞれのせてターンテーブルの端に置き、水（2個分で½カップ・分量外）を小皿に等分に注ぐ。電子レンジ600Wで1分（500W1分10秒）加熱し、そのあと弱（150～200W、または解凍キー）にして4～5分加熱する。とり出し、粗熱がとれたら冷蔵庫で冷やす。

memo
練りごま

ごまをすってペースト状にしたもの。ごまは、植物性タンパク質、カルシウム、鉄、ビタミンB₁が豊富。血中コレステロールを正常値に保つ、リノール酸を含む。

練りごまは、まだらにならないように牛乳でよく溶きのばす。

トライフル

スポンジケーキやフルーツをカスタードでまとめたトライフル。
あまりものを使った trifle「つまらないもの」が始まりだとか。
だったら好きなものを何でも入れちゃおう。

材料

🍂 2人分
とろりんおやつ基本の材料（p.26参照）
　― 全量
生クリーム ― ¼カップ
スポンジケーキ
　（市販・またはマドレーヌなど）
　1.5cm×1.5cmの角切り
　― 12個
フルーツカクテル（ミックス・缶詰）
　―（汁気をきって）½カップ
ミントの葉 ― 適宜

作り方

1　カスタードクリームを作り（p.27の 1 〜 5 参照）、冷ましておく。
2　生クリームは、ツノが立つくらいに固く泡立てる。
3　グラス2個を用意して、1のカスタードクリームと2の生クリーム、角切りのスポンジケーキ、フルーツカクテルを重ねる、を繰り返す。
4　グラスの口まで入ったら、最後にミントの葉を飾る。

memo
フルーツカクテル
（ミックス・缶詰）

黄桃、パイナップル、ぶどう、チェリーなどのフルーツがカットされて入っている缶詰。ゼリーにしたり、ヨーグルトに添えても。

重なり具合を器の外から見ながら、クリーム、スポンジケーキ、フルーツを入れる。

Column 2
パリパリチップス

野菜をうすーくスライスして、レンジでチン！
これだけで立派なおやつが誕生です
素材そのものの甘みだけだから、ヘルシー度は満点
ちょっと野菜が残ったときにもおすすめです

かぼちゃチップス

材料
● 作りやすい分量
かぼちゃ — 1/8個

作り方
1 かぼちゃは種をスプーンなどでとり除き、皮をつけたままスライサーなどで厚さ2〜3mmの薄切りにする。
2 ターンテーブルにペーパータオルを敷き、真ん中をあけて 1 を並べ、ラップをかけずに電子レンジ600Ｗで3〜4分（500Ｗ4〜5分）加熱する。（ターンテーブルのない電子レンジの場合は、直径20〜25cmの無地の皿か耐熱皿にペーパータオルを敷き、真ん中をあげに並べる。）
3 とり出して、ペーパータオルをかぶせるようにして押さえ、水分をとり除く。
4 ターンテーブルの水けをふきとって再びペーパータオルを敷き、真ん中をあけて 3 を並べ、ラップをかけずに電子レンジ600Ｗで1〜2分（500Ｗ1分10秒〜2分30秒）、焦げない程度に加熱する。

さつまいもチップス

材料
● 作りやすい分量
さつまいも — 2〜3cm

作り方
1 さつまいもは皮をつけたまま、スライサーなどで厚さ2〜3mmの薄切りにする。
2 かぼちゃチップスの作り方 2 〜 4 と同様に作る。

にんじんチップス

材料
- 作りやすい分量

にんじん — 4〜6cm

作り方
1. にんじんは皮をつけたまま、スライサーなどで厚さ2〜3mmの薄切りにする。
2. かぼちゃチップスの作り方2〜4と同様に作る。

れんこんチップス

材料
- 作りやすい分量

れんこん — 2〜3cm

作り方
1. れんこんは皮をつけたまま、スライサーなどで厚さ2〜3mmの薄切りにする。
2. かぼちゃチップスの作り方2〜4と同様に作る。

りんごチップス

材料
- 作りやすい分量

りんご — 1/8個

作り方
1. りんごは種をスプーンなどでとり除き、皮をつけたままスライサーなどで厚さ2〜3mmの薄切りにする。
2. かぼちゃチップスの作り方2〜4と同様に作る。

Part 3

ふるふるおやつ

ふるふる、つるりん、のゼリーは、ゼラチンさえあればOK．
暑い時期でもカンタンに作れ、食欲がなくても栄養補給できます
お好きなジュースでお試しあれ

ふるふるおやつの基本
パンナコッタ

パンナコッタ

ふるふるおやつ基本の材料

● 150mlのプリン型2個分

パンナコッタの材料

粉ゼラチン ― ½パック　　水 ― 大さじ2　　　　生クリーム ― ½カップ　　牛乳 ― ¼カップ
（2.5g・小さじ1弱）

バニラエッセンス ― 少々　　砂糖 ― 大さじ1

ふるふるおやつ基本の道具

ボウル（中・小）　　泡立て器　　菜箸　　タイマー

型（150mlの容器）　　おたま　　ラップ

ふるふるおやつ基本の作り方

> **POINT**
> ゼラチンをレンジで加熱する前に氷を入れてしばらくおく

1 ゼラチンをふやかす
耐熱ボウル（小）に水を入れ、粉ゼラチンを振り入れ、菜箸でかるく混ぜる。

2 氷を入れる
1に氷1かけを入れて2分おく。

3 加熱する
氷をとり除き、ラップをかけずに電子レンジ600Wで20秒（500W 30秒）加熱してふやかす。

4 液を作る
耐熱ボウル（中）に生クリームと牛乳、バニラエッセンス、砂糖を入れ、ラップをかけずに電子レンジ600Wで1分（500W 1分10秒）加熱する。

5 ゼラチンを加える
とり出して、3のゼラチンを加えて混ぜる。

6 型の準備をする
型からとり出したいときは、はずしやすいように型に油適宜（分量外）を塗る。ラップに油をつけて塗ると塗りやすい。

7 冷やし固める
6の型に5を流し入れ、冷蔵庫で2時間ほど冷やし固める。型からとり出して皿に盛る。いちごを飾り、キャラメルソースをかけても。

キャラメルソース

材料

- 砂糖 — 大さじ2
- 水 — 小さじ1
- 水 — 小さじ1

1
耐熱ボウル（中）に砂糖を入れ、水を加える。ラップをかけずに、電子レンジ600Wで1分30秒〜2分（500W 2分〜2分30秒）加熱する。

2
きつね色になったらとり出し、ボウルをゆすって濃いきつね色にする。かなり熱くなるので、乾いたふきんなどで持って。

3
水小さじ1を加えて溶き、冷やしておく。

※キャラメルソースはかなり高温になるので、樹脂加工のボウルだと容器が溶けるおそれがあります。耐熱ガラスボウルを使用してください。

40　*Part 3* ふるふるおやつ

ティラミス

チーズのコクとコーヒーの苦みが相性抜群のおなじみのイタリアンチーズケーキ
市販のクッキーを加えて、サクサク感を楽しんで

材料

🌱 150mlのグラス2個分

- 粉ゼラチン ― ½パック(2.5g)
- 水 ― 大さじ2

牛乳 ― ¼カップ

マスカルポーネチーズ ― 大さじ8(約100g)

砂糖 ― 大さじ1

コーヒーソース

A
- インスタントコーヒー ― 小さじ1
- 水 ― 大さじ2
- コーヒーリキュール(あれば)― 小さじ1

チョコレートクッキー ― 6枚

エスプレッソ用コーヒー(粉末)
またはココア(粉) ― 少々

作り方

1 ゼラチンをふやかす(p.39の1〜3参照)。

2 耐熱ボウル(中)にマスカルポーネチーズと砂糖を入れ、ラップをかけずに電子レンジ600Wで30秒(500W40秒)加熱し、とり出してなめらかになるまで泡立て器で混ぜる。

3 1に牛乳を入れて混ぜ、2に加え、ボウルの底に氷水をあてながら混ぜる。

4 Aを耐熱ボウルに入れて、ラップをかけずに電子レンジ600Wで30秒(500W40秒)加熱し、コーヒーソースを作る。冷めたら、チョコレートクッキーを加えて浸す。

5 グラス2個に3を⅙量ずつ入れ、4の⅙量ずつを重ねる。これを3回繰り返す。冷蔵庫で1時間ほど冷やし、食べるときにエスプレッソ用コーヒーかココアを茶こしで振って。

memo
マスカルポーネチーズ

牛乳から作る、イタリアのフレッシュチーズ。ホイップクリームのようななめらかな食感、バターに似た独特の風味が特徴。

ゼリー液を混ぜ合わせたら、分離しないようにボウルの底を氷水にあてながら、とろみがつくまで混ぜる。

グラスなどの好みの型に、ゼリー液、クッキーを交互にのせていく。

Part 3 ふるふるおやつ

杏仁豆腐

中華スイーツの定番をプリン型に固めて、イメージ一新
本来はあんずの種の粉を使いますが、手軽なアーモンドエッセンスで代用します

材料

- 150mlのプリン型2個分
    - 粉ゼラチン — ½パック(2.5g)
    - 水 — 大さじ2
- 牛乳 — ¾カップ
- 砂糖 — 大さじ1
- アーモンドエッセンス — 少々
- ソース
    - キウイフルーツ — 2個
    - ミントリキュール — 小さじ2
    - 水 — 大さじ2

作り方

1. ゼラチンをふやかす(p.39の1〜3参照)。
2. 1に牛乳、砂糖、アーモンドエッセンスを加えて混ぜる。
3. はずしやすいように型に油適宜(分量外)を塗って2を流し入れ、冷蔵庫で2時間ほど冷やし固める。
4. キウイは2つに切ってスプーンで果肉をとり出し、万能こし器で裏ごししてピューレ状にする。ミントリキュールと水を加えてのばし、ソースを作る。
5. 3を型からとり出して器に盛り、4のソースをまわりに流す。

---

memo
アーモンドエッセンス

アーモンドから抽出したエキスで作る。桃に似た、甘くてさわやかな香り。

杏仁豆腐は香りが決め手。アーモンドエッセンスは、風味がとばないように最後に加えて。

44 Part 3 ふるふるおやつ

マンゴープリン

アジアンデザートの人気者は、さわやかな甘みと酸味が身上
アイスクリームにのせて、パフェ風に仕上げてみました

材料

▼ 150 mlの容器2個分
　粉ゼラチン — 1/2パック（2.5g）
　水 — 大さじ2
砂糖 — 大さじ2
水 — 大さじ2
マンゴー — 1個（300g）
バニラアイスクリーム — 1/2カップ

作り方

1　ゼラチンをふやかす（p.39の1〜3参照）。
2　1に砂糖と水を加えて混ぜる。
3　マンゴーは皮をむき、果肉をゴムべらでそぎとってボウルに移し、泡立て器でざくざくとつぶす。
4　3に2を加えて混ぜ、容器に流し、冷蔵庫で2時間ほど冷やし固める。
5　グラス2個にバニラアイスクリームを入れ、4のマンゴープリンをすくってのせる。

ゴムべらを使うと、筋を残して果肉
だけそぎとれるのでおすすめ。

46　Part 3 ふるふるおやつ

ミルクゼリー

牛乳で作る素朴なゼリー
いろんな牛乳をソースにして混ぜながら食べてみて

材料

❤ 75mlのグラス4個分

 粉ゼラチン — ½パック(2.5g)
 水 — 大さじ2
牛乳 — ¾カップ
砂糖 — 大さじ1
バニラエッセンス — 少々

ソース

 コーヒー牛乳 — 大さじ2
 いちご牛乳 — 大さじ2
 コンデンスミルク — 小さじ2

作り方

1 ゼラチンをふやかす(p.39の1〜3参照)。
2 1に牛乳と砂糖、バニラエッセンスを加えて混ぜる。
3 容器に流し、冷蔵庫で2時間ほど冷やし固める。好みのソースをかけて。

ふやかしたゼラチンに、牛乳、砂糖、バニラエッセンスを加えて混ぜるだけ。

豆乳ゼリー

台湾のデザート豆花（トーファ）を簡単にアレンジ
ごまをたっぷり加えると、さらにヘルシーに

材料

- 150mlのプリン型2個分
  - 粉ゼラチン — ½パック（2.5g）
  - 水 — 大さじ2
- 豆乳 — ¾カップ
- 砂糖 — 大さじ1
- すりごま（白）— 大さじ2
- ソース
  - A｜コンデンスミルク — 大さじ2
  - ｜豆乳 — 大さじ1

作り方

1. ゼラチンをふやかす（p.39の1〜3参照）。
2. 豆乳、砂糖、すりごまを混ぜ合わせ、1に加えてボウルの底に氷水をあてながら、かるくとろみがつくまで混ぜる。
3. はずしやすいように型に油適宜（分量外）を塗り、容器に等分に流す。冷蔵庫で2時間ほど冷やし固める。
4. 型からとり出し、食べるときにAを混ぜたソースをかける。

---

memo
豆乳

良質のタンパク質、女性ホルモンのバランスを整えるイソフラボンが豊富。飲みやすくした調製豆乳と、大豆を搾っただけの無調整豆乳とがある。

型からはずすときは、まずぬるめの湯に型を漬ける。

少しゆるんできたところで、冷水に漬ける。指先で縁を押さえてはずし、皿に伏せるとするりととれる。

50　Part 3 ふるふるおやつ

オレンジゼリー

ビールをオレンジジュースで割って飲む、ソルボンヌ大学の学生をまねて
ほろ苦い大人のゼリーになりました

材料

150mlのグラス2個分

粉ゼラチン ― ½パック（2.5g）
水 ― 大さじ2

オレンジ ― 2個
（または100％オレンジジュース¾カップ）

ソース（好みで）

ビールまたは100％りんごジュース
― 大さじ4

作り方

1　ゼラチンをふやかす（p.39の1～3参照）。
2　オレンジは2つに切ってスクイーザーなどで搾り、種を除いて果肉ごと1に加えて混ぜ合わせる。
2　2個のグラスに等分に流し、冷蔵庫で2時間ほど冷やし固める。好みで、ビールやりんごジュースを注いで。

搾ったオレンジの果汁は、あえてこさずに果肉ごと混ぜる。つるんとしたゼリーと果肉の両方の食感が味わえる。

ブルーハワイゼリー

南国カクテル、ブルーハワイのゼリー版
思いきりさわやかにとソーダを注いでみたら、大正解！

材料

❧ 150mlの容器2個分
　粉ゼラチン ― 1/2パック（2.5g）
　水 ― 大さじ2
ブルーキュラソー ― 1/4カップ
パイナップルジュース（100％）― 1/4カップ
レモン（輪切り）― 2枚
ミントの葉 ― 少々
レモンソーダ ― 1/2カップ

作り方

1　ゼラチンをふやかす（p.39の1～3参照）。
2　ブルーキュラソーとパイナップルジュースを混ぜ合わせ、1を加えてさらに混ぜる。
3　容器に流し、冷蔵庫で2時間冷やし固める。
4　食べるときに容器からとり出し、1cm角に切って2個のグラスに移す。レモンの輪切り、ミントの葉を加え、冷やしておいたレモンソーダを注ぐ。

memo
ブルーキュラソー

オレンジの皮をラム酒やスピリッツに漬けた、香りの強いリキュール。ブルーハワイなどのカクテルに使われる。

ブルーキュラソーとパイナップルジュースを混ぜたら、ゼラチンを加えて冷やし固める。

Column 3
しっとりコンポート

洋なしのコンポート

材料

♣ 作りやすい分量

洋なし ― 1個

A | 赤ワイン ― 1カップ
　| レモンの皮（2×5cm）― 1枚
　| 砂糖 ― 大さじ2

作り方

1　洋なしは皮をむき、縦4等分にする。
2　耐熱ボウル（中）にAを入れて砂糖が溶けるまで混ぜ、洋なしを加える。
3　端あけラップまたはフタをのせ、電子レンジ600Wで2分（500W2分20秒）加熱する。
4　とり出して、冷ましながら味をふくませる。

いちじくのコンポート

材料

♣ 作りやすい分量

いちじく ― 2個

A | 白ワイン ― 1/2カップ
　| 砂糖 ― 大さじ2
　| レモン汁 ― 大さじ1

作り方

1　いちじくは皮をむき、へたの先を切り落とす。
2　耐熱ボウル（中）にAを入れて砂糖が溶けるまで混ぜ、いちじくを加える。
3　端あけラップまたはフタをのせ、電子レンジ600Wで1分30秒（500W2分）加熱する。
4　とり出して、冷ましながら味をふくませる。

砂糖液の中にフルーツを入れて煮るコンポートも、電子レンジの得意技。
ふるふるっとして甘～くなったフルーツは、贅沢なおいしさです。
そのまま食べたり、アイスクリーム、ヨーグルトに添えても。

もものコンポート

材料
💚 作りやすい分量
もも — 1個
A｜レモン汁 — 大さじ1
　｜レモンの皮（2×5cm）— 1枚
　｜シナモン棒（あれば）— 3cm
　｜砂糖 — 大さじ2　水 — ½カップ

作り方
1 ももは皮をむき、種を除いて6～8個のくし形に切る。
2 耐熱ボウル（中）にAを入れて砂糖が溶けるまで混ぜ、ももを加える。
3 端あけラップまたはフタをのせ、電子レンジ600Wで2分（500W2分20秒）加熱する。
4 とり出して、冷ましながら味をふくませる。

柿のコンポート

材料
💚 作りやすい分量
柿 — 1個
A｜砂糖 — 大さじ2　水 — ½カップ
　｜レモン汁 — 大さじ1

作り方
1 柿は、くし形に切って皮をむく。
2 耐熱ボウル（中）にAを入れて砂糖が溶けるまで混ぜ、柿を加える。
3 端あけラップまたはフタをのせ、電子レンジ600Wで1分30秒（500W2分）加熱する。
4 とり出して、冷ましながら味をふくませる。

Part 4

もちもちおやつ

白玉だんごは食感が楽しいおやつ
電子レンジなら、ゆでなくても、もっちもちのだんごがすぐできます！
みつをかけたり、中にあんこを入れたり、いろんな味を楽しんで

もちもちおやつの基本
白玉だんご

白玉だんご

もちもちおやつ基本（白玉だんご）の材料

● 10〜12個分

白玉粉 — ½カップ　　　塩 — 少々　　　水 — 50〜60ml
　　　　　　　　　（指3本でつまんだぐらい）

もちもちおやつ基本の道具

ボウル（中）　　まな板＆包丁　　耐熱ボウル（中）　　網じゃくし

もちもちおやつ基本の作り方

POINT 1 こねるときは耳たぶぐらいのやわらかさに

POINT 2 加熱するときは熱湯に入れる

1 白玉粉をこねる
白玉粉に塩、水50mlぐらいを加えてこね、残りの水を少しずつ加えながら、耳たぶぐらいのやわらかさにする。

2 切りわける
まな板にのせ、直径3cmの棒状にのばし、10～12等分に切る。

3 成形する
1個ずつ丸めて、中央を指で押さえてかるくぼませる。

4 加熱する
耐熱ボウルに熱湯2カップ（分量外）を入れて3を加え、ラップをかけずに電子レンジ600Wで4分（500W4分50秒）加熱する。

5 氷水にとる
氷水にとって、手早く冷やす。

6 仕上げる
水けをきって盛りつけ、砂糖小さじ1～2（分量外）を点々とのせる。

memo
白玉粉

もち米の加工品。風味があり、水を加えてこねると弾力のある独特の歯ごたえに。消化がよく、変質しない、高カロリー保存食品。

60　Part 4　もちもちおやつ

かぼちゃぜんざい

お汁粉のあずき汁をかぼちゃジュースに代えたら
甘さ控えめぜんざいのでき上がり!

材料

- 2人分
  - 白玉粉 — ½カップ
  - 塩 — 少々
  - 水 — 50〜60ml
- かぼちゃ（皮も種も除いた正味）
  — ⅛個分（約100g）
- 牛乳 — ½カップ
- ゆであずき（缶詰）— 大さじ2
- きなこ — 大さじ1

作り方

1. かぼちゃは水でぬらしてポリ袋に入れ、皮がついているほうが外側にくるようにターンテーブルの端に置き、電子レンジ600Wで2分（500W2分20秒）加熱する。
2. 袋の外からめん棒でつぶし、ボウルにあけて牛乳を加えて溶きのばす。
3. 白玉だんごを作る（p.59の1〜5参照）。
4. 3の水けをきって器に入れ、2を注いでゆであずきをのせる。きなこを振って。

かぼちゃは水でさっとぬらしてから、ポリ袋に入れて加熱する。とり出したら、袋に入れたままめん棒でバンバンたたいてつぶす。

Part 4 もちもちおやつ

白玉の黒みつがけ

白玉だんごに黒みつをかけるだけ
シンプルだけど、懐かしさナンバー1！

材料

2人分
- 白玉粉 — ½カップ
- 塩 — 少々
- 水 — 50〜60ml

黒みつ
- 黒砂糖（粉） — 大さじ3
- 水 — 大さじ1

作り方

1. 黒みつを作る。耐熱ボウルに黒砂糖と水を入れ、ラップをかけずに電子レンジ600Wで1分（500W1分10秒）加熱し、砂糖を溶かす。
2. とり出して混ぜ、冷ます。
3. 白玉だんごを作る（p.59の1〜5参照）。
4. 3の水けをきって器に盛り、2の黒みつをかける。

memo
黒砂糖

さとうきびから作られる、精製されていない砂糖。カルシウム、鉄分を多く含み、独特の香ばしさがある。かたまりのものは削って使って。

黒砂糖に水を加えたら、混ぜずに電子レンジで加熱する。

加熱中、ふつふつと沸騰してきたら1分経たなくてもOK。とり出してスプーンで混ぜる。

64　Part 4　もちもちおやつ

わらびもち

手軽な片栗粉で作るわらびもちもどき
つるりんとしてご本家にも負けないおいしさです

材料

2人分

A ｜ 片栗粉 ― 大さじ4
　｜ 水 ― ¾カップ
　｜ 砂糖 ― 大さじ1

黒みつ
　｜ 黒砂糖（粉）― 大さじ3
　｜ 水 ― 大さじ1

きなこ ― 適量

memo
きなこ

大豆を煎って粉にしたもの。タンパク質、ビタミンを含む健康食品。女性ホルモンに似た働きをするイソフラボンが豊富。

作り方

1 黒みつを作る（p.63の1〜2参照）。
2 耐熱ボウルにAを入れて、片栗粉が溶けるまでよく混ぜ、端あけラップまたはフタをのせ、電子レンジ600Wで1分（500W1分10秒）加熱する。とり出して泡立て器で混ぜる。
3 端あけラップまたはフタをのせて、さらに電子レンジ600Wで1分（500W1分10秒）加熱する。とりだして、ゴムべらで混ぜる。
4 もう一度、端あけラップをして電子レンジ600Wで1分（500W1分10秒）加熱し、とりだして、ゴムべらで混ぜる。透明でなめらかになればでき上がり。
5 4に氷水を注いで冷やす。
6 水けをよくきって、スプーン2本でひと口大にかきとり、きなこを全体にまぶす。器に盛り、1の黒みつをかける。

片栗粉をよく溶いたら、端あけラップをして加熱する。

とり出し、片栗粉を溶くように泡立て器でよく混ぜる。

加熱し、とり出してゴムべらで混ぜる、を2〜3回繰り返す。

透明になったものに氷水を注いで冷やます。

66　Part 4　もちもちおやつ

ごまだんご

もちもちしただんごの中から、とろ〜りとしたごまあんが登場
ちょっとしたおもてなしにもなりそう

材料

6個分

- 白玉粉 — ½カップ
- 塩 — 少々
- 水 — 50〜60ml

ごまあん

- こしあん（市販）— 大さじ3
- すりごま（黒）— 大さじ1
- ごま油 — 小さじ1

作り方

1. ごまあんを作る。ごまあんの材料をすべて混ぜ合わせ、6等分して丸めておく。
2. 白玉粉に塩、水を加えてこね（p.59の1参照）、6等分して丸める。
3. ラップ（12×12cm）に2を1つずつのせてはさみ、めん棒で長さ5cmの楕円形にのばす。
4. 3に1のごまあんをのせて包む。残りも同様にごまあんを包む。ラップをはずす。
5. 耐熱ボウルに熱湯2カップ（分量外）を入れ、4を加えてラップをかけずに電子レンジ600Wで6分（500W7分10秒）加熱し、氷水にとって手早く冷やす。水けをきって盛りつける。

ラップの半分に白玉だんごの生地をのせ、残りのラップをかぶせて生地をはさみ、めん棒でのばす。

ラップを広げてごまあんをのせる。

ラップで包むようにしてギョーザのような楕円形にする。

トマトだんご

トマトが苦手な子も、白玉が一緒なら食べられるから不思議
あま～いはちみつをかけるのも忘れずに

材料

2人分
- 白玉粉 — ½カップ
- 塩 — 少々
- 水 — 50～60ml

プチトマト — 7個
はちみつ — 大さじ1～2
黒こしょう — 少々

作り方

1. 白玉だんごを作る（p.59の1～3参照）。
2. トマトはへたをとり、2つに切る。
3. 1の白玉だんごの水けをよくきり、2とあえる。はちみつをかけ、黒こしょうを軽く振ってでき上がり。

memo
はちみつ

アカシア、れんげ、さくらなどの種類があり、それぞれ味、色、香りに違いがある。天然の甘味料なので、甘さとコクがある。

白玉だんごはよく水けをきり、半分に切ったトマトとあえる。

Column 4
ごろごろジャム

いちごジャム

材料
- 1カップ分

いちご（へたをとったもの） — 2カップ
砂糖 — 1カップ
レモン汁 — 大さじ2

作り方

1. いちごの量の3倍以上の大きさの耐熱ボウルにいちごを入れ、砂糖、レモン汁の順にかける。
2. 端あけラップまたはフタをのせ、電子レンジ600Wで2分（500W2分20秒）加熱する。
3. 砂糖が溶けたらとり出して木べらで混ぜ、ラップをかけずに電子レンジ600Wで10分（500W12分）加熱して煮詰める。

オレンジマーマレード

材料
- 1カップ分

オレンジ — 1個　レモンの皮（3×10cm） — 1枚
砂糖 — 1カップ　レモン汁 — 大さじ2

作り方

1. オレンジとレモンは、皮をお湯とブラシで洗ってワックスなどを落とし、水気をふきとる。オレンジは6つのくし形に切り、皮つきのまま2mm幅の薄切りに、レモンの皮も同様に2mm幅の薄切りにする。耐熱ボウルに入れ、砂糖、レモン汁の順にかける。
2. 端あけラップまたはフタをのせ、電子レンジ600Wで4分（500W4分50秒）加熱する。
3. とり出してスプーンで混ぜ、ラップをかけずに電子レンジ600Wで2分（500W2分20秒）加熱して煮詰める。

電子レンジなら、ジャムもパパッと手作りできます
果物の食感がしっかり残ったプレザーブスタイル
保存するときは、熱いうちに容器に入れて密封すると長持ちします

りんごジャム

材料
🌱 1カップ分
りんご — 1個
砂糖 — 1/2カップ
レモン汁 — 大さじ1

作り方
1. りんごは6つのくし形に切り、芯を除く。皮がきれいなときは皮つきで、皮の色がさえないときはむいて、2mm幅の薄切りにする。耐熱ボウルに入れ、砂糖、レモン汁の順にかける。
2. 端あけラップまたはフタをのせ、電子レンジ600Wで3分（500W3分40秒）加熱する。
3. とり出してスプーンで混ぜ、ラップをかけずに電子レンジ600Wで3分（500W3分40秒）加熱して煮詰める。

ブルーベリージャム

材料
🌱 1カップ分
ブルーベリー（生or冷凍）— 2カップ
砂糖 — 1/2カップ
レモン汁 — 大さじ2

作り方
1. ブルーベリーは洗って（冷凍なら凍ったまま）耐熱ボウルに入れ、砂糖、レモン汁の順にかける。
2. 端あけラップまたはフタをのせ、電子レンジ600Wで4分（500W4分50秒）加熱する。
3. ふきこぼれそうになったらラップを外し、電子レンジ600Wで4分（500W4分50秒）加熱して煮詰める。冷凍ブルーベリーのときは、加熱時間を2分増やす。

Part 5

まんぷくおやつ

ボリューム満点のパンのおやつ

こねない、焼かない、の電子レンジ使いで、30分足らずで完成

発酵も加熱も電子レンジにおまかせ

ぜひ、できたてを召し上がれ

まんぷくおやつの基本
蒸しパン

蒸しパン

まんぷくおやつ基本（蒸しパン）の材料
● 直径4.5〜5cmのもの6個分

強力粉 — 1カップ
（約100g）

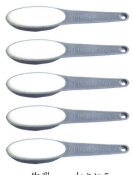
牛乳 — 大さじ5

バター — 小さじ2（約8g）

砂糖 — 大さじ1

塩 — 小さじ⅕

ドライイースト — 小さじ1

打ち粉用強力粉 — 適量

まんぷくおやつ基本の道具

型用の直径14cm
容量709mlの耐熱ボウル＆フタ
（耐熱樹脂加工のもの、ジップロックコンテナー®が使いやすい）

泡立て器

タイマー

菜箸

割り箸2膳

耐熱皿

直径15cmの耐熱皿
（深さのあるもの）

ゴムべら

まな板＆包丁

ペーパータオル

クッキングシート

POINT 1 こねすぎない

POINT 2 ベンチタイムをしっかりとってふくらませる

まんぷくおやつ基本の作り方

1 牛乳を温める
耐熱ボウルに牛乳、バターを入れ、ラップをかけずに電子レンジ600Wで30秒（500W40秒）加熱し、人肌程度に温める。

2 イーストを加える
1にドライイースト、砂糖、塩、強力粉の1/3量を加え、泡立て器で混ぜる。

3 かるく混ぜる
残りの強力粉を加え、菜箸でかるく10回ほど混ぜる。箸でようやく持ち上げられる程度でやめる。あまり混ぜすぎると発酵しにくくなるので注意。

4 一次発酵させる
フタをのせ、またはクッキングシートやラップを生地に密着させ、電子レンジ弱（150～200W、または解凍キー）で30秒加熱し、一次発酵させる。

5 休ませる
水でぬらしたペーパータオルを容器にかけ、その上にフタまたはクッキングシートをのせて10分おく。室温で約2倍になるまで休ませる。

6 ガス抜きをする
まな板に生地の面積よりやや広めに打ち粉をし、ゴムべらで生地をとり出して上下を返し、ゴムべらで押さえてガス抜きをする。

7 成形する
包丁で6等分する。切り口を中に巻きこむようにして丸く形作る。合わせ目を下にしてまな板に置き、両手ではさんで回しながら形を整える。

8 生地を並べる
耐熱皿にクッキングシートを敷き、生地を並べる。ターンテーブル（ない場合は庫内の中央）に直径15cmの耐熱皿を置き、熱湯1カップ（分量外）を注ぐ。割り箸2膳をばらしてのせ、生地をのせた皿を置く。

9 加熱する
上にクッキングシートをかぶせ、電子レンジ600Wで5分（500W6分）加熱する。

※保存する場合は、加熱前のものを金属バットに並べて冷凍。その後、ポリ袋に移して冷凍し、凍ったまま8、9と同様にして、1個につき電子レンジ600Wで2分（500W2分20秒）を目安に。

ソフトピッツァ

おやつだけではもったいない？
休日のブランチにももってこいの、ふっくらピザ

材料

- 直径20cmのもの1個分
まんぷくおやつ基本の材料
　（p.74参照） — 全量
オリーブオイル — 大さじ1
にんにく（みじん切り） — 1かけ
塩・こしょう — 各少々
トマト（ヘタをとり、7mm幅の輪切り）
　— 1個（150g）
ベーコン（3cm幅に切る） — 3枚
ピザ用チーズ — 大さじ3
パセリ（みじん切り） — 1本

作り方

1. p.74の1〜6まで同様に作る。
2. ひとつに丸め、手のひらで押さえてめん棒で直径18cmにのばし、クッキングシートを敷いた耐熱皿にのせる。
3. オリーブオイルを2の生地の全体に塗り、にんにく、塩、こしょうを散らす。トマト、ベーコン、チーズの順にのせ、パセリを散らす。
4. p.74の8〜9と同様に加熱する。

memo
ドライイースト

酵母菌の一種で、乾燥しているもの。パンの発酵に欠かせない。効力が落ちないように、密閉した状態で冷凍保存。

生地の上にオリーブオイルをたらし、スプーンなどで全体にのばす。

カレーまん

かなりおなかが空いているときにも、頼りになる
レトルトカレーに豆板醬を加えれば「ピリッ、うまっ！」のカレーまんの完成です

材料

🌱 長さ7〜8cmのもの8個分
まんぷくおやつ基本の材料
　（p.74参照）― 全量

カレーあん

　レトルトカレー ― 1/2袋（約100g）
　強力粉 ― 小さじ2
　豆板醬 ― 小さじ1

作り方

1　カレーあんを作る。耐熱ボウルにカレーあんの材料を入れてよく混ぜ、端あけラップをして電子レンジ600Ｗで2分（500Ｗ2分30秒）加熱する。とり出して混ぜ、冷ます。豆板醬の量は好みで加減する。
2　p.74の 1 〜 6 まで同様に作る。
3　2の生地をまな板にのせて包丁で8等分し、切り口を中に巻きこむようにして丸く形を整え、閉じ目はつまんでしっかり合わせる。
4　生地をめん棒で長さ10cmの楕円形にのばし、1のカレーを1/8量ずつのせ、両サイドの中央を持ち上げて合わせ、左右それぞれをしっかり閉じてギョーザ形にする。
5　p.74の 8 〜 9 と同様に加熱する。

8等分した生地は、めん棒で長さ10cmの楕円形にのばす。

カレーを中央にのせ、両端をつまみながら閉じ、ギョーザ形にする。

ちびあんパン

半分に割るとあんこがたっぷり！
1個でも大満足のうまさ。あつあつを食べて

材料

⚘ 直径4.5〜5cmのもの8個分
まんぷくおやつ基本の材料
　（p.74参照）— 全量
あずきあん（市販）— 大さじ8

作り方

1　p.74の1〜6まで同様に作る。
2　あずきあんは8等分して丸めておく。
3　1の生地をまな板にのせて包丁で8等分し、切り口を中に巻きこむようにして丸く形を整え、閉じ目はつまんでしっかり合わせる。
4　生地をめん棒で直径6〜7cmの円形にのばし、2のあんを1/8量ずつのせて包み、合わせ目をしっかり閉じる。
5　p.74の8〜9と同様に加熱する。

のばした生地に、丸めたあんをのせる。

あんを包むように生地をつまみながら、ひだを寄せて閉じていく。

包み完成！

フォカッチャ

もうおなじみのイタリアのパン、フォカッチャ
指で押したくぼみが目印。ローズマリーとにんにくで、ワインにも合いそう

材料

直径18cmのもの1個分
まんぷくおやつ基本の材料
　（p.74参照）— 全量
オリーブオイル — 小さじ2
粗塩・こしょう — 各少々
ローズマリー — 1本
にんにく（粗く切る）— 1かけ

作り方

1　p.74の1〜6まで同様に作る。
2　生地を内側に折り返し、丸く形を整える。合わせ目をしっかり閉じる。上下を返し、なめらかな面を上にし、めん棒で直径16cmにのばす。
3　クッキングシートを敷いた耐熱皿に2をのせる。指で10箇所ぐらい穴をあけ、オリーブオイルをスプーンでかけて全体に塗る。粗塩を振り、ちぎったローズマリーの葉、にんにくをのせ、こしょうを振る。
4　p.74の8〜9と同様に加熱する。

memo
ローズマリー

シソ科のハーブ。森林を思わせる青臭い香りとほろ苦さを持つ。加熱しても香りがとばない。イタリア料理によく使われる。

指でポンポン押して、くぼませる。

オリーブオイルを表面全体にのばし、ローズマリーをのせる。

Column 5
ごっくんドリンク

ひとり分のドリンクなら、
鍋を使わない電子レンジが絶対ラク！
いつでもアツアツがすぐ飲めます

ホットココア

材料
- 1人分

ココアミックス（加糖） — 大さじ2
牛乳 — 3/4カップ

作り方
1. 耐熱カップにココアミックスと牛乳を入れて混ぜ、ラップをかけずに電子レンジ600Wで1分30秒（500W1分50秒）加熱する。
2. とり出してよく混ぜ、表面に細かい泡をたくさん立てる。

ホットワイン

材料
- 1人分

赤ワイン — 大さじ2
グレープフルーツジュース — 1/2カップ

作り方
1. 耐熱カップに赤ワインとグレープフルーツジュースを注ぎ、ラップをかけずに電子レンジ600Wで1分（500W1分10秒）加熱する。
2. とり出してよく混ぜる。

レモネード

材料
- 1人分

レモン汁 — 1個分（約大さじ3）
砂糖 — 大さじ2　ミントの葉 — 2〜3枚
水 — 1/2カップ　氷 — 適量

作り方
1. 耐熱カップにレモンを絞り、種を除いて砂糖とミントの葉を加える
2. スプーンで混ぜ、ラップをかけずに電子レンジ600Wで30秒（500W40秒）加熱する。
3. とり出して混ぜ、水を注いで氷を加える。

グリーンミルク

材料
- 1人分

抹茶 — 小さじ1　砂糖 — 大さじ1
水 — 大さじ2　牛乳 — 3/4カップ
氷 — 適量

作り方
1. 耐熱カップに抹茶と砂糖を入れてさらさらになるまで混ぜ、水を加えて溶く。
2. ラップをかけずに電子レンジ600Wで30秒（500W40秒）加熱する。牛乳を加えて混ぜ、氷を加える。

Part 6

レンジマジックおやつ

「え〜っ、どうしてこうなるの?」という声が聞こえてきそうな
あっと驚くおやつが大集合!
電子レンジは魔法の箱ではないけれど
タネと仕掛けをしたら、こんなゆかいなおやつができちゃいました

ポップコーン

「膜のあるものは破裂する」電子レンジの注意点を逆手にとったおやつ
たった2分でできあがり！

材料
 1人分
とうもろこしの粒（乾燥）— 大さじ1

作り方
1 幅12cm長さ23.5cmの封筒にとうもろこしの粒を入れる。
2 まず口を折り、次に封筒の中央のところで二つ折りにする。とうもろこしの入っているほうを上にしてターンテーブルの端（ない場合は庫内の中央）にのせ、電子レンジ600Wで1〜2分（500W1分10秒〜2分20秒）加熱する。
3 パンパンというにぎやかな音が静かになったら、とり出す。

封筒を二つに折ったら、粒が入っているほうを上にして、ターンテーブルの端に置く。

チョコバナナ

チョコを溶かすのだって、電子レンジならお手のモノ！
とろけたところをバナナにからめたら、大好きなおやつに

材料
❤ 2本分
バナナ — 1本
板チョコレート(中) — 1枚(35g)

A｜チェリーの砂糖漬け(赤・市販) — 1個
　｜チェリーの砂糖漬け(緑・市販) — 1個
　｜レーズン — 4個
　｜オレンジピール — 1個(2×1cm)

作り方
1 Aはすべて粗く刻む。
2 バナナは皮をむいて長さを半分に切り、クッキングシートを敷いたバットにのせてラップをかけ、冷凍庫で2〜3時間冷やす。
3 チョコレートは手でポキポキ折って紙コップや耐熱コップに入れ、ラップはかけずにターンテーブルの端（ない場合は庫内の中央）にのせ、電子レンジ600Wで40〜50秒(500W 50秒〜1分)加熱する。スプーンで混ぜてなめらかにする。
4 冷凍庫から出したてのバナナの先に3のチョコレートをからめ、固まらないうちに1のドライフルーツをつける。

チョコレートは筋のついたところで折り、紙コップや耐熱容器に入れる。溶けていないように見えても、とり出してスプーンで混ぜるとなめらかになる。

くるくるシナモンクッキー

クッキーだってレンジにおまかせ
くるくる巻いたら、抜き型もいらない。うず巻き模様が、かわいいでしょ

材料
● 作りやすい分量
強力粉 — ½カップ
マーガリン — 大さじ3
水 — 大さじ1
A｜シナモン — 小さじ1
　｜グラニュー糖 — 大さじ1
グラニュー糖 — 適量

作り方

1　ボウルに強力粉、マーガリンを入れ、フォークで刺して細かく切りながら混ぜる。

2　水を振り入れて混ぜ、ひとまとめにする。打ち粉適量（分量外）をしたまな板にのせ、めん棒で8×12cmにのばす。

3　Aを混ぜ合わせて2の表面にのせ、縁を1cmほど残して全体に広げる。端から巻いてラップで包み、冷蔵庫で20分冷やす。

4　小口から5mm幅に切り、グラニュー糖を入れた小皿に切り口を押しつける。

5　クッキングシートを敷いた耐熱皿にドーナツ状に並べる。ターンテーブルに割り箸2膳をばらし、その上に皿をのせる（ターンテーブルがない場合は庫内の中央に置く）。

6　ラップはかけずに、電子レンジ600Wで4～5分（500W 5～6分）、少し焼き色がつくまで加熱する。

スイートポテト

弱キーでじっくり加熱すると、あま〜くなります
マッシュして生クリームを加えればおしゃれなおやつに変身！

材料
♣ 長さ6〜7cmのもの4個分
さつまいも ― 大½本（皮つきで200g）
生クリーム ― 大さじ2
砂糖 ― 大さじ1

作り方
1 さつまいもは、破裂防止に皮をフォークで3箇所ほど刺しておく。
2 ターンテーブルに割り箸2膳をばらし、1を置く（ターンテーブルのない電子レンジの場合は、無地の皿か耐熱樹脂容器に1を入れて庫内の中央に置く）。電子レンジ弱（150〜200W、または解凍キー）で12分加熱する。
3 2つに切って皮を除き、皿にのせてフォークでいもをつぶす。生クリームと砂糖を加えてなめらかになるまで混ぜる。
4 皮をはさみで縦半分にしてボート形に整え、3を4等分して細くまとめ、のせる。

割り箸2本をばらし、端にのせて加熱すると下側にも電磁波の通り道ができ、返さなくていい。

フロマージュブラン

温めた牛乳にお酢を加えてこすとカッテージチーズができる！
ソースを添えておしゃれな一品に

材料
- 2個分

カッテージチーズ
- 牛乳 — 1と½カップ
- 酢 — 大さじ2

生クリーム — ¼カップ
砂糖 — 大さじ1

ソース
- フランボワーズジャム — 大さじ1
- 水 — 小さじ1
- ブランデー — 小さじ½

作り方

1. カッテージチーズを作る。耐熱ボウルに牛乳を入れ、端あけラップをして電子レンジ600Wで4分（500W4分50秒）加熱する。とり出して酢を加えて混ぜ、ガーゼを敷いたザルでこして冷ます（ガーゼの中に残ったのがカッテージチーズ）。

2. 生クリームに砂糖を加え、泡立て器でツノが立つまでしっかりと泡立て、1を加えて混ぜる。

3. 厚手のペーパータオルに半量をのせ、ペーパータオルの端を寄せて口をすぼめ、湯呑みなどにのせる。もう1つも同様に作り、冷蔵庫で1時間冷やす。

4. 固まったらとり出して皿に盛り、混ぜ合わせたソースをかける。

マシュマロサンド

レンジ加熱してぷーっとふくれたマシュマロ
電子レンジの扉を開けるとプシューッとつぶれるけど、とろとろあつあつで、おいしいと大評判！

材料
◆ 2個分
クッキー ― 4枚
マシュマロ（大）― 2個
ベビーチョコ ― 4個

作り方
1 マシュマロに箸で穴をあけ、穴にベビーチョコを入れる。
2 クッキー1枚を皿にのせてターンテーブルの端（ない場合は庫内の中央）に置き、その上に1をのせる。
3 ラップをかけずに電子レンジ600Wで20〜30秒（500W20〜30秒）加熱する。
4 とり出し、もう1枚のクッキーで上からかるく押さえる。残りも同様に作る。

クッキーの上にマシュマロをのせた皿は、ターンテーブルの端に置く。

92　Part 6 レンジマジックおやつ

マシュマロクリスピー

たとえるなら、洋風「雷おこし」
サクサクッとして、ねば〜、の食感がクセになりそう

材料
◆ 直径10cm高さ5cmの容器1個分
マシュマロ ─ 1カップ
バター ─ 大さじ2
ライスクリスピー ─ 1と1/2カップ

作り方
1 耐熱ボウルにマシュマロとバターを入れ、端あけラップまたはフタを置いて電子レンジ600Wで1分30秒（500W2分）加熱して溶かす。
2 とり出してライスクリスピーを加え、なめらかになるまで混ぜる。
3 容器に入れ、ラップをかけて指で押さえるようにして敷きつめる。冷めたら、好みのサイズに切りわける。

マシュマロがプーッとふくれて溶けだしたらとり出し、ライスクリスピーを混ぜる。

プラリネ

フランスの砂糖菓子、プラリネ
レンジでキャラメルを作れば、くるみをおいて固めるだけ

材料
- 作りやすい分量

キャラメル
　砂糖 — ½カップ
　水 — 大さじ1
くるみ（皮をむいて2つ割りにしたもの）— 8個

作り方
1　くるみは、薄切りにする。
2　キャラメルを作る。p.39の1〜2まで同様に作る。
3　バットにクッキングシートを敷く。2を熱いうちに流し、くるみを散らす。
4　クッキングシートを2つに折って重ね、キャラメルを厚くする。粗熱がとれたら冷凍庫に20分入れて冷やし固める。指で割って盛りつける。

※キャラメルはかなり高温になるので、樹脂加工のボウルだと容器が溶けるおそれがあります。耐熱ガラスボウルを使用してください。

表面が固まらないうちに、くるみをのせる。

チーズせんべい

ラップをかけずにレンジにかければ
カルシウムたっぷりのおやつに早変わり！

材料
◆ 直径4〜5cmのもの5枚分
ピザ用チーズ ― 大さじ5
ちりめんじゃこ ― 小さじ5

作り方
1 ターンテーブルに円形のクッキングシート（なければクッキングシートを丸く切る）を広げる（ターンテーブルのない電子レンジの場合は、直径22〜25cmの無地の皿か耐熱皿にクッキングシートを敷く）。
2 クッキングシートの上に、ドーナツ状に5箇所にチーズをこんもりと置き、上にちりめんじゃこをのせる。
3 ラップをかけずに電子レンジ600Wで5分（500W6分）加熱する。チーズが溶けて、ところどころ焦げ目がついたらとり出す。

クッキングシートにこんもり、ドーナツ状にピザ用チーズとちりめんじゃこをのせていく。

村上祥子（むらかみ・さちこ）

料理研究家。管理栄養士。電子レンジ調理の第一人者であると同時に、電子レンジ発酵パン、バナナ酢、たまねぎ氷など数々のアイデアレシピ、健康食を生み出している。早くから食育にも積極的に取り組み、子どものための包丁開発や出前授業なども行っている。各メディアで幅広く活躍中、著書多数。本書は、2003年に刊行され、8万部を突破したロングセラーのリニューアル版。何度も試作を繰り返し「電子レンジでスポンジケーキ」を可能に。多くの読者の支持を得た。

空飛ぶ料理研究家　村上祥子のホームページ
http://www.murakami-s.jp/

株式会社ムラカミアソシエーツ
柿崎朋子／児玉貴子／川原淳子／古城佳代子
デザイン　ME&MIRACO（塚田佳奈）
撮影　木村 純
スタイリング　坂上嘉代
スタイリングアシスタント　板橋喜代美
編集　飯村いずみ

本書は2003年に当社より刊行された『オーブンもはかりもいらない 電子レンジのおやつ』を再編集したものです。

オーブンもはかりもいらない　毎日（まいにち）うれしい　電子（でんし）レンジのおやつ

2015年11月30日　第1刷発行

著　者　村上祥子（むらかみさちこ）
発行者　中村　誠
印刷所　図書印刷株式会社
製本所　図書印刷株式会社
発行所　株式会社 日本文芸社
　　　　〒101-8407　東京都千代田区神田神保町1-7
　　　　TEL 03-3294-8931（営業）　03-3294-8920（編集）
Printed in Japan　112151105-112151105 Ⓝ 01
ISBN978-4-537-21338-6
URL http://www.nihonbungeisha.co.jp/
©Sachiko Murakami　2015
編集担当　吉村

乱丁・落丁本などの不良品がありましたら、小社製作部宛にお送りください。送料小社負担にておとりかえいたします。
法律で認められた場合を除いて、本書からの複写・転載（電子化を含む）は禁じられています。また、代行業者等の第三者による電子データ化および電子書籍化は、いかなる場合も認められていません。